Springtime's Odyssey

L'Odyssée du Printemps

Leslie Del Re

About the author

Leslie Del Re was born in Paris in 1988 to French Italian parents. She spent her childhood in Paris's countryside and her teenage years roaming the streets of the capital, before pursuing a degree in Classics in Rome, Italy, where she decided to settle to reconnect with her origins. She then studied journalism for her first master's degree and international relations for her second. During these didactic years, she indulged her passion for travel and explored Europe. This compelling need to take to the open seas led her to see the world in all its grandeur. At the end of her studies, she chose to go backpacking for a year through South America, with a journalistic and anthropological project, and insatiable desire to discover new cultures. Her freedom comes from her taste for adventure and her determination. In fact, she sold her car and bought a one-way ticket to cross the Atlantic. South America left quite a deep impression on her, and Brazil in particular, had a major influence: its exotic landscapes, enchanting people and delicious aromas inspired her to write, "Springtime's Odyssey." This collection of poems is at the crossroads of these multiple destinies; it is the culmination of the journey, that of one's body and soul. It depicts the cycle of life and blossoming love.

À propos de l'auteure

Leslie Del Re est née à Paris en 1988, de parents franco-italiens. Elle passe son enfance dans une petite ville de campagne proche de Paris et son adolescence à arpenter les rues de la capitale, avant de poursuivre sa licence de lettres classiques à Rome, en Italie, où elle décide de s'installer pour renouer avec ses origines. Elle entreprend par la suite des études de journalisme pour son premier master et elle s'intéresse aux relations internationales, pour son second master. Durant ces années didactiques, elle assouvit sa passion du voyage et explore l'Europe. Ce besoin impérieux de prendre le large la mène à voir le monde dans toute sa grandeur. À la fin de ses études, elle choisit de partir un an en Amérique du Sud, avec un projet journalistique et anthropologique, et une envie insatiable de découvrir de nouvelles cultures. Elle tient sa liberté de son goût pour l'aventure et de sa détermination. De fait, elle vend sa voiture et achète un aller simple pour traverser l'Atlantique. L'Amérique du Sud la marque considérablement et notamment le Brésil a une influence majeure : ses paysages exotiques, ses habitants enchanteurs et ses arômes délicieux lui inspirent l'écriture de « L'Odyssée du Printemps ». Ce recueil de poèmes est à la croisée de ces multiples destins ; il est l'aboutissement du voyage, celui de son corps et de son âme. Il dépeint le cycle de la vie et la floraison de l'amour.

Springtime's Odyssey

Translation from French by
Anna Fitzgerald, in collaboration with the author
& Illustrated by Natalia Junqueira

L'Odyssée du Printemps

Traduit du Français par
Anna Fitzgerald, en collaboration avec l'auteure
& Illustré par Natalia Junqueira

Leslie Del Re

"Life having its elaborate masterpieces,
just as poetry has, or sculpture, or painting."

Oscar Wilde

« Tout comme la poésie, la sculpture ou la peinture,
la vie a ses chefs-d'œuvre précieux. »

Oscar Wilde

CONTENTS

TABLE DES MATIÈRES

Springtime's Odyssey

L'Odyssée du Printemps

To all the moms:

The Only Woman in the World

The only woman you can love madly and beyond,
The only one who is so exceptional
That she can fill a heart with joy and levity,
As if her love were the honey that bees glean from flowers;
The one whose smile is her marvelous regalia,
Which alone can exist
To caress the soul,
The only smile you want to keep for yourself,
Never having to share it;
She alone believes more in the sacrifices she makes to love
Than in the love she receives in return,
Like the tree that offers you its fruit, just barely ripe;
She alone teaches us to weep with joy
And laugh until the tears fall,
Like the frogs who adore coming out in torrents of rain;
She alone accepts that the best be kept from her
So that she can explain the meaning of love;
To this woman, you aspire
To dedicate yourself completely;
And she is the one you take in your arms,
Even if she resists you,
To whisper your gratitude for growing up together;
This woman is the mother
Who gives birth to life.

À toutes les mamans :

L'Unique Femme au Monde

L'unique femme que l'on peut aimer à la folie et au-delà,
Celle tellement exceptionnelle
Au point d'en recouvrir de légèreté et de joie un cœur,
Comme si son amour était le miel des abeilles butinant les fleurs ;
Celle qui merveilleusement régale de ses sourires :
Les seuls qui puissent exister
Pour caresser l'âme,
Les seuls que l'on veut garder pour soi,
Sans ne jamais les partager ;
L'unique à croire plus en l'amour qu'elle se sacrifie,
Qu'en celui qu'elle reçoit,
Comme l'arbre qui fait cadeau de ses fruits, à peine mûris ;
Celle qui enseigne à pleurer de joie
Et à rire aux larmes,
Comme les grenouilles qui adorent sortir dans des torrents de pluie ;
L'unique à accepter qu'il lui soit dérobé le meilleur
Pour expliquer ce qu'est l'amour ;
Celle pour qui l'on ressent l'envie
De se vouer entièrement ;
Et celle que l'on prend entre ses bras,
Même si elle ne le veut pas,
Pour lui chuchoter la reconnaissance d'avoir grandi ensemble ;
Cette femme, c'est la maman
Qui met au monde la vie.

PART ONE

PREMIÈRE PARTIE

The Beginning of the End

Because they must always start at the beginning,
Books grow bored of their own stories.
But their imaginations know no bounds,
Immersed deep within a land built upon
Fables and the extraordinary,
Where a lion rides his bicycle,
And a leaf falls in love
With the aroma of roasted coffee.
Books hoist castles from the ground
Where the walls are libraries
And the windows and doors are winged books
That fly into the hands of their hosts.
They are the ones who choose us
With their enchanted powers.
They become the essence of the soul:
Something fragile cloaked in the sensitivity
Of a heart in love with art and adventure.
Speaking through myths,
They begin and tell the tale
Of the voyage of dreams,
In which reality awakens.

Le Commencement de la Fin

En commençant toujours du début,
Les lectures s'ennuient et s'attristent :
Leur imaginaire n'a pas de règle,
Il s'immerge dans un lieu bâti
De fables et d'extraordinaire,
Où un lion peut se balader à vélo
Ou bien une feuille tomber amoureuse
De l'odeur du café.
Les lectures construisent des châteaux
Dans lesquels les murs sont bibliothèques,
Les fenêtres et les portes, des livres ailés
Qui s'envolent et atterrissent dans les mains des hôtes.
Ce sont elles qui nous choisissent
Avec leurs pouvoirs enchantés.
Elles deviennent l'essence de l'âme ;
Une fragilité cachée dans la sensibilité
D'un cœur épris d'art et d'aventure.
Au travers de mythes,
Elles commencent et racontent
Le voyage des rêves,
Dans lesquels la réalité se réveille.

The Siesta

Under a splendid, burning sun,
The streets of Tunis, redolent
With their sweet fragrances
And their *souks*,[1] bounded by colorful spices,
Lead to Carthage, peopled by archeological sites
Where the desire to plunge into
And discover a time long since passed
Wafts you all the way to the sea's charms, at Sidi Bou Said,
And concludes with a stroll, on horseback,
Over the dunes of the Sahara, immense and lasting.
In the warmth of malleable, magical sand,
You recollect the maternal embrace
With which a mother enfolds her child.
A fresh, delicate breeze sculpts mountains in the dunes
And plays upon your skin,
Like a mother, always ready
To brush away any vulnerability.
A gust of wind blows against your eyelids,
Waking you and ending your seaside siesta.
You watch the sun's light fade into the water
As you remember your mother's embrace.

____

1. In Arab countries, the *souk* is the marketplace.

La Sieste

Sous un soleil resplendissant et brûlant,
Les rues de Tunis,
Pleines de leurs parfums sucrés,
Et de leurs *souks*[2], aux rebords d'épices colorées,
Amènent à Carthage, peuplée de sites archéologiques
Où l'on désire plonger,
Et découvrir une époque désormais passée.
L'on parvient jusqu'au charme de la mer, à Sidi Bou Saïd,
Et finit en flânerie, à cheval
Sur les dunes du Sahara, immenses et pérennes.
Dans la chaleur du sable moelleux et magique,
L'on a souvenance du câlin maternel
Avec lequel une mère enveloppe son enfant.
Une brise fraîche et délicate sculpte des montagnes dans les dunes,
Et effleure la peau,
Comme une mère toujours prête
À estomper n'importe quelle vulnérabilité.
Un brin de vent se heurte à nos paupières,
Réveille et termine la sieste en bord de mer,
L'on aperçoit le soleil s'éteindre dans l'eau
Et l'on se rappelle le câlin maternel.

---

2. Dans les pays arabes, le *souk* est le lieu du marché.

The Mind's Extravagance

The juggler of the public square,
His hair standing up like bowling pins every morning,
Opens his mouth, his yawns full of cotton candy,
His greeting nibbled in a flood of sweets.
Already, in place of pupils,
He has acrobatic balls
That send him flying on a joyous trapeze.
He dresses up in rainbows
Stitched together with the threads of tight-rope walkers,
And with a cartwheel, he slips into his shoes
That countless laughs have rippled through.
His morning ritual,
With a mug of licorice
And four dates for breakfast,
Fills his belly
With a sweet tooth's beatitude.
He applies the pulp of cacao beans
And the powder of hazelnut truffle
To his face, decorated with strawberries.
He has the art of mime in his arms
That manipulates him like a theater marionette.
Children envy him.
Their resigned elders mock him.
But his juggling always excels,
And everyone feasts with ecstasy.

La Fantaisie de l'Esprit

Le jongleur de la place populaire,
Au réveil encore décoiffé de cheveux en forme de quilles,
Articule, entre ses bâillements pleins de barbe à papa,
Un bonjour mâchouillé dans un bain de sucreries.
Déjà à la place des pupilles
Il a des balles acrobates,
Qui l'envoient rebondir sur le trapèze des joies.
Il s'habille d'arcs-en-ciel
Rapiécés avec les fils des funambules,
Et avec une roue, il enfile ses chaussures
Insufflées par maints rires.
Son rituel matinal,
Avec une tasse de réglisse
Et quatre dattes au petit-déjeuner,
Rassasie son ventre
De béatitude gourmande.
Il se maquille le visage
De pulpe de fèves de cacao,
Saupoudré de truffe à la noisette
Et se décore de fraises.
Il possède l'art du mime dans les bras,
Qui le remue comme une marionnette de théâtre.
Il est envié des enfants
Et moqué des résignés,
Mais il jongle toujours avec succès
Pour gorger d'extase tout le monde.

Fairy's Paradise

There is a forest inhabited
By every musical genre:
From classical to mambo.
Every dance:
From waltz to tango.
Every voice:
Tenor or soprano.
Every tempo:
Andante or *allegro*.
This is the rediscovered paradise of the crowd
In which each fairy is poetry,
Tracing out magic with her wand
And scattering enchantment with her song.
Legendary musical scores
Crop up like trees
In invention's hall of sounds.

Le Paradis des Fées

Il existe une forêt habitée
Par tous les genres musicaux :
Du classique au mambo.
Toutes les danses :
De la valse au tango.
Toutes les voix:
Ténor ou soprano.
Tous les *tempos.*
Andante ou *allegro.*
C'est le paradis retrouvé de la foule,
Dans lequel chaque fée est poésie
Qui dessine de la magie avec sa baguette
Et disperse des enchantements avec son chant.
Les partitions légendaires
Poussent comme des arbres,
Dans la phonothèque de l'invention.

The Boutique of the Illusionists

What finer trade than that of illusionists
Who, with a magic wand, one day
Pull out a rabbit
And the next a dove.
They can surprise the souls
Of the most candid,
The souls of those who, with a ball,
Send time flying into the air;
Those who, even if it rains,
Are not afraid to go out
And throw themselves in the mud, laughing and rolling around.
Childlike souls are to be admired
Because they can always find
The magic, wherever it has fled,
Welcoming it as if it were
The only treasure in the world worth having!
And everything becomes whimsy again!
In the boutique of the illusionists,
They meet happy and carefree
Without knowing that
To make a bird disappear with a cage,
You have to kill it.
What viler trade than that of illusionists
Who, with a smile, wipe out joy,
And with their strange movements,
Hide their lies.
But the face of a child is a spectacle,
Unknowingly revealing his amazement
And remaining possessed when he returns to his games.

La Boutique des Illusionnistes

Quel beau métier celui des illusionnistes
Qui, avec une baguette magique, extraient
Un jour un lapin,
Un jour une colombe.
Ils sont capables d'étonner les âmes
Des plus candides.
Les âmes de ceux qui, avec un ballon,
Font voler le temps en l'air ;
Ceux qui, même s'il pleut,
N'ont pas peur de sortir
Et de se jeter dans la boue en riant et en se roulant.
Il faut les admirer les âmes infantiles,
Parce qu'elles savent toujours retrouver
La magie où elle s'est enfuie,
La recueillant comme si elle était
Le seul trésor estimable au monde !
Et tout redevient fantaisie !
Dans la boutique des illusionnistes,
Ils se rencontrent heureux et insouciants
Sans savoir que
Pour faire disparaître un oiseau avec une cage,
Il faut le tuer.
Quel laid métier celui des illusionnistes
Qui, avec un sourire, effacent la joie
Et avec d'étranges mouvements,
Cachent leurs mensonges.
Mais le regard d'un enfant est un spectacle
Quand inconsciemment surpris,
Il s'anime et retourne jouer.

The Four Players

Seated four at their table, staring intently at each other
And holding their cards close to their chests,
They defy each other, determined to play their trump,
Sure they can bring the others down
With a card on the table.
They scrutinize with discernment,
Examining any insidious sign,
Every drop of sweat.
The pile tempts them with the blind intoxication
Of supposed and desired victory.
But should they play the prince of spades,
His soul so valorous,
He draws his weapons
And promptly charges the enemy?
Or perhaps the king of hearts
To thrill the vanity of the ladies
By flattering them and bluffing them into his ways?
As for the ace of clubs,
From the heights of wisdom,
He knows his own interest
To remain undercover as uncertainties mount.
Finally, the queen of diamonds steps out,
With her singular force,
To win the game
That she alone truly dominated.

Les Quatre Joueurs

À quatre assis à table, se fixant les uns les autres
Et serrant fort contre eux leurs cartes,
Ils se défient, déterminés à jouer leur meilleur atout,
Sûrs d'abattre les autres.
Ils scrutent avec discernement,
Examinant chaque signe traître,
Chaque goutte de sueur.
La pioche les tente à l'ivresse aveuglée
De la supposée et désirée victoire.
Mais faut-il être valet de pique,
Valeureux dans l'âme,
Pour sortir les armes
Et attaquer promptement l'ennemi ?
Ou peut-être, roi de cœur,
Et griser les demoiselles vaniteuses,
En les bluffant à la manière la plus courtoise qui soit ?
Quant à l'as de trèfle,
Tout exalté de sagesse,
Il sait bien lorsqu'il est dans son intérêt
De rester à couvert devant de telles incertitudes.
Voilà que sort la reine de carreau,
Avec sa force singulière,
Pour remporter la partie
Qu'elle seule a su vraiment dominer.

Unplanned Journeys

After night goes back to bed,
Sometimes a day will come out
That may brighten inhabitants
—The people, the flora, and the animals—
That may bruise and bite,
That can transform a simple branch into a flute;
It maps out unexpected journeys, suave in their embrace.
It invites serenity
To taste a bit of chocolate,
To let the tongue melt,
By savoring flavors never before experienced.
Unplanned journeys chisel the reminiscences
As they prepare themselves
To greet the city of pain.[3]

____

3. Drawing on life experiences, examined in their smallest details, this metaphor expresses the pain of loss. "The city of pain" is thus a representation of a place (the cemetery) and a feeling (grief).

Les Voyages Imprévus

Il est des jours qui sortent,
Alors que la nuit est retournée se coucher,
Qui parfois égayent les habitants
– Les gens, la flore et les animaux —
Qui parfois meurtrissent,
Qui permettent de transformer une simple branche en une flûte ;
Ils élaborent les voyages imprévus, suaves dans leur embrassement.
Ils invitent la sérénité
À déguster un bout de chocolat,
À fondre la langue,
En savourant des saveurs jamais essayées.
Les voyages imprévus cisèlent les réminiscences
Qui se préparent
À saluer la ville de la douleur[4].

---

4. Au travers de l'expérience de la vie, examinée sous ses moindres coutures, il est exprimé dans cette métaphore la souffrance d'une perte. « La ville de la douleur » représente ainsi en tant que lieu, le cimetière, en tant que sentiment, le deuil.

The Resilience of Fragility

Life rips the living apart
Without a shred of remorse,
Leaving only memories alive,
Photographs the iris takes in its love of stories
And exchanges them with others at a glance.
This is life's power and its depth,
An imposing nobility.
Memories are potent and proud
And know how to shape a wisp of weakness
Into a pleasant fortress.
Where there are no problems,
Where only solutions can be found,
The resilience of fragility
Arises in an awareness
That a happy life is paramount.
And it continues its springtime journeys,
Which symbolize
Its perpetual renaissance.

La Résilience de la Fragilité

La vie qui déchire,
Sans l'once d'un remords,
Qui laisse vivants seulement les souvenirs,
Photographiés dans les iris, amoureux des histoires
Qu'ils se racontent en échangeant un regard,
Se montre puissante et profonde,
Noble et imposante.
Les souvenirs sont forts et fiers,
Et savent façonner, d'un brin de faiblesse,
Une agréable forteresse.
Où il n'y a pas de problèmes,
Où l'on ne trouve que des solutions,
La résilience de la fragilité
Naît dans la conscience
De l'importance du vivre heureux.
Et elle poursuit les voyages printaniers,
Qui symbolisent
Sa perpétuelle renaissance.

Doubt's Cacophony

After you live through the massacre
And rise to your feet,
Doubt once again composes
Its cacophony.
Suffering tightens its grip
Like paper hands,
Wrapping around your neck,
Resounding in your ears
Like an irritating, crackling sound,
Crumpling veins and arteries
So that the heart can't breathe
Before settling down to knot the stomach.
Your emotions, encaged and reduced,
With a spiral, intertwine
And rise, exultantly,
Ramping up to a furious pace,
The percussion of each shiver
Forgotten until that moment.
The flowering of emotion is a song
In which there are always hopes
And triumphs to make you bloom.

La Cacophonie du Doute

Après avoir vécu le massacre
Et s'être relevé,
Le doute compose de nouveau
Sa cacophonie.
Les souffrances serrent
Comme des mains de papier
Qui, quand elles s'enroulent autour du cou
Répercutent dans les oreilles,
Comme un bruit agaçant, crissant,
Froissant veines et artères,
Les empêchant de laisser respirer le cœur,
Avant de descendre nouer l'estomac.
Les émotions, encagées et diminuées,
Avec une spirale enlacent
Et remontent, exultantes,
Pour faire battre au rythme effréné
Les percussions de chaque frisson
Jusque-là oublié.
L'épanouissement des émotions chante
Que ce sont toujours les espoirs
Et les triomphes à faire fleurir.

Amidst the Butterflies

Doubt degenerates into concealed genius;
Where you lose reason,
You encounter pure madness!
The caterpillar gone crazy
Pushes out the darkness in its veins,
Abandons its chrysalis without a shudder,
Knowing that it is already
Amidst the butterflies.

Au Milieu des Papillons

Le doute dégénère en génie jamais disparu ;
Où l'on perd la raison,
L'on rencontre la pure folie !
La chenille devenue folle
Sort le noir entré dans les veines,
Abandonne sa chrysalide sans frémir,
En réalisant d'être déjà
Au milieu des papillons.

The Rainbow

The storm clothed in violet and orange
That breaks its wings
Against the building's windows,
That whips up whirlwinds in the hope
That one of them will be half-ajar,
So its wingbeats can open it,
Endeavors to catch and liberate
The tear held in the empty eye
Of a memory that never happened.
As this feeling is unveiled,
The exaltation of the rainbow grows,
Assembling, from extinguished drops,
Astonishing colors.

L'Arc-en-ciel

La tempête vêtue de violet et d'orangé,
Qui brise ses ailes
Contre les fenêtres des immeubles,
Qui se remue en tourbillons dans l'espoir
Que l'une d'entre elles soit entrebâillée
Pour l'ouvrir avec ses battements,
S'évertue à accompagner et libérer
La larme retenue dans l'œil vide
D'un souvenir jamais advenu.
Dans le dévoilement de ce sentiment,
Se lève l'excitation de l'arc-en-ciel,
Qui conçoit, de gouttes éteintes,
Des couleurs époustouflantes.

Children's Cries

The innocence of children, as each day slumps,
Soothes some and terrifies others.
Listening to their shouts of joy or cries of rage,
Hearing their games and tears,
Reinvigorates the power
Of emotions reborn.
Their imagination is limitless.
They are honest
Even as they suffer, forgetting pain
As soon as they look up, intrigued,
At a family of swallows
And their shadows gliding across the houses,
Playfully joining them on the rooftops.
Children are innocent even in how they heal.
Observe carefully—they are the teachers.
To enter their world
Is to enter an artist's workshop,
Where instruments, brushes,
Easels, and other amusing objects
Fill up the shelves
And form the backdrop of springtime's odyssey.
We must live with the frivolity of children;
Take hold of the cans of color,
And throw them against the white walls,
Splashing life onto skin and clothing.

Les Cris des Enfants

L'innocence des enfants, dans le marasme quotidien,
Apaise certains et terrifie les autres.
Écouter leurs cris de joie ou de colère,
Leurs jeux ou leurs pleurs,
Ravive la puissance
De la renaissance des émotions.
Leur imagination est sans limite,
Ils ont cette honnêteté
Jusque dans la souffrance, qu'ils oublient
Dès qu'ils lèvent les yeux, intrigués,
Vers une famille d'hirondelles,
Faisant voler ses ombres sur les maisons
Et s'amusant à les rejoindre sur les toits.
Innocents même dans leur façon de se soigner,
Ce sont eux — si l'on observe bien — à enseigner.
Entrer dans leur monde
Est comme se faufiler dans l'atelier des artistes,
Où instruments, pinceaux,
Chevalets et divers objets extravagants,
Affleurent sur les étagères
Et tapissent l'odyssée du printemps.
Il faut vivre avec la frivolité des enfants :
En prenant les pots de couleurs
Et en les jetant sur les parois blanches,
En éclaboussant de la vie à peau et vêtements.

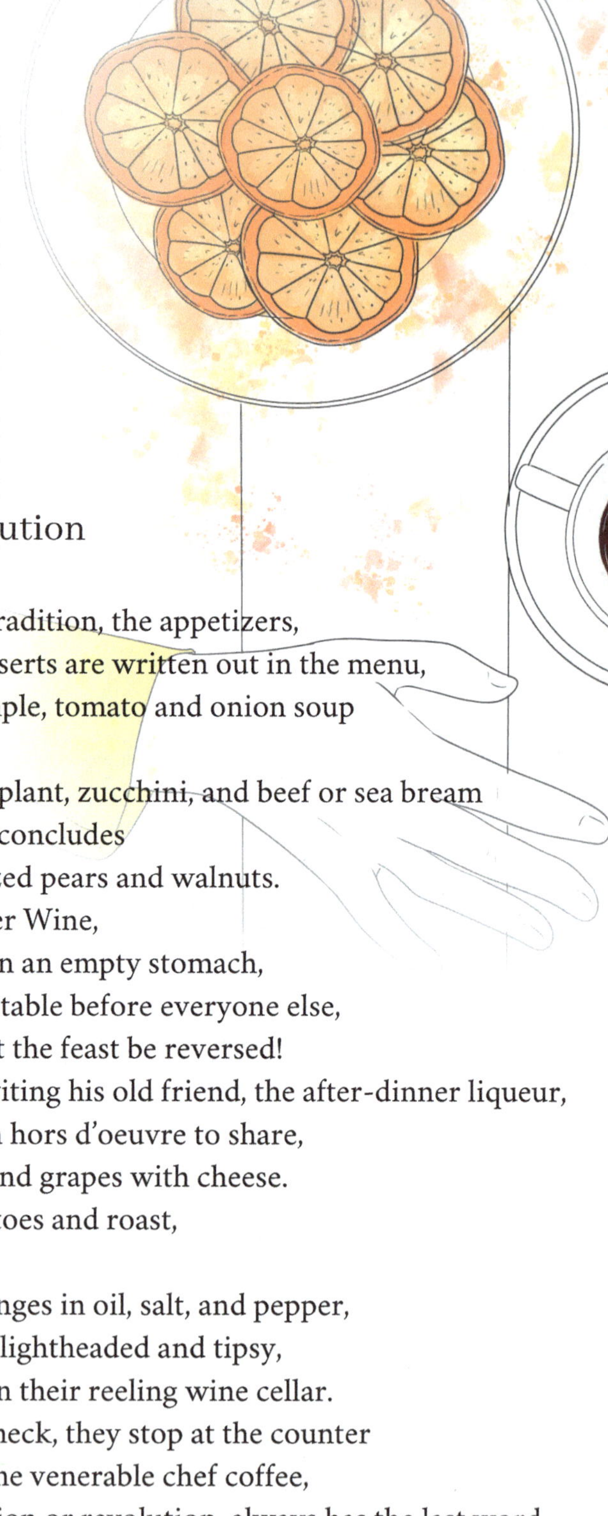

Wine's Revolution

In the culinary tradition, the appetizers,
Entrees, and desserts are written out in the menu,
Where, for example, tomato and onion soup
Comes first,
Followed by eggplant, zucchini, and beef or sea bream
Before the meal concludes
With honey-glazed pears and walnuts.
But if dear Mister Wine,
After drinking on an empty stomach,
Sits down at the table before everyone else,
He demands that the feast be reversed!
He insists on inviting his old friend, the after-dinner liqueur,
And orders as an hors d'oeuvre to share,
A pistachio pie and grapes with cheese.
Next come potatoes and roast,
And, for dessert,
They ask for oranges in oil, salt, and pepper,
To return home lightheaded and tipsy,
A little happier in their reeling wine cellar.
But before the check, they stop at the counter
And call out to the venerable chef coffee,
Which, by tradition or revolution, always has the last word.

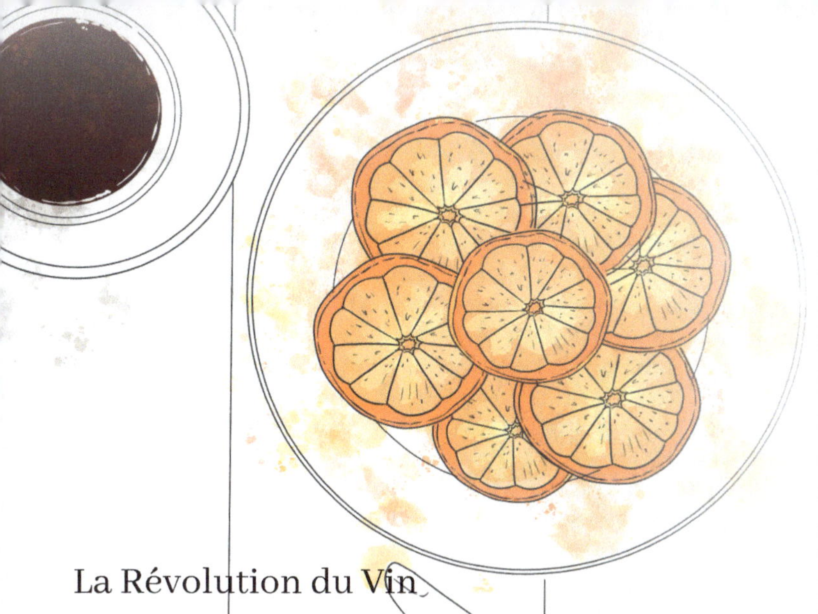

La Révolution du Vin

Dans la tradition culinaire,
Le menu écrit des entrées, plats et desserts,
Où, par exemple, la soupe de tomates et oignons
Arrive la première
Suivie d'aubergines, de courgettes et de bœuf ou de daurade,
Avant de conclure le repas
De poires et noix au miel.
Mais si très cher Monsieur Vin,
Après avoir bu à jeun,
S'assoit à table avant tout le monde,
Il exige que le banquet soit renversé !
Il réclame son vieil ami, le digestif,
Et commande comme hors-d'œuvre à partager,
Une tarte à la pistache et une grappe de raisin avec du fromage.
Viennent ensuite patates et rôti,
Et, pour le dessert,
Ils demandent des oranges à l'huile, sel et poivre,
Pour rentrer évaporés et éméchés,
Un peu plus heureux dans leur cave étourdie.
Mais avant l'addition, ils s'arrêtent au comptoir
Et interpellent le chef café
Qui, de tradition ou de révolution, toujours *in fine* demeure.

The House of Felicity

When you step over the threshold of the joyous house,
Where, already at dawn, the click of the cups can be heard,
And their steaming exhalations swirl before your eyes
And wrap each other in a warm embrace,
You are immediately transported by love.
Books and records overflow in a corner,
Incessantly telling their tales.
At the window, where camellias repose
And drink in the rain showers,
You contemplate a drop resting on a petal
That contains the memory of poets,
Whose habit it is to come together at night,
Under the streetlamps,
To converse in improvised verses.
In the house of felicity,
You are immersed in a spectacle,
Where the glasses speak with each toast,
Amidst much levity and spontaneous laughter.
Everyone wants to be invited
To revel in the good cheer
To the sound of clinking platters.
And when it comes time for tea, new invitations abound;
But how could one refuse? Because in the joyous house,
All of them are welcome!

La Maison de la Félicité

Lorsque l'on passe le seuil de la maison joyeuse,
Où l'on entend les tasses à l'aube déjà cliqueter
Et desquelles on voit les exhalations tourbillonner
En s'enlaçant dans une embrassade chaleureuse,
L'on est immédiatement transporté par l'amour.
Dans un coin, débordent livres et vinyles
Qui ne cessent de raconter leurs histoires.
À la fenêtre, où se reposent les camélias
Qui se nourrissent de l'averse,
L'on contemple au travers d'une goutte déposée sur un pétale
Le souvenir des poètes qui, la nuit,
Ont l'accoutumance de se rencontrer,
Sous les réverbères,
Pour bavarder en vers improvisés.
Dans la maison de la félicité,
L'on s'immerge dans un spectacle
Où les verres vocalisent en trinquant,
Parmi tant de bonheur et rires spontanés.
Tous voudraient être invités
Pour fêter la bonne humeur
Au son des plats qui s'entrechoquent.
Et à l'heure du goûter, ils finissent par se convier ;
Mais comment refuser ? Puisque dans la maison joyeuse,
Ils sont tous les bienvenus !

The Spell of the Carnival Rides

At the enchanted gingerbread fair,[5]
Perfumes attract the fair-goers,
Tastes seduce them,
And colors provoke their laughter.
Sweets, *churros*, and candied apples
Entice them with irresistible aromas.
The illuminated carnival rides entrap them,
As they savor their treats, they become prisoners
And fall under a spell.
The charm spreads, and from the Ferris wheel,
They let themselves be drawn in, delighted to be chosen.
The roller coasters want to hear
Unrestrained shrieks from their carriages;
The elastic trampolines enmesh
Laughter and shining eyes;
Then there is the horse race, where balls bounce
Toward frenetic hands filled with wonder;
A few jingling slot machines take hold
Of those who are greedy for glory;
As for the hall of mirrors, it cherishes
The hesitant faces.
From the sound of popping balloons
Come voices echoing with terror,
Exhorting the most audacious
To visit the haunted house.
The fair-goers' steps are light-hearted
Between the careening caterpillar train
And the plastic ducks that become memories
Fished out before the end of the fantastical evening.

––––––––––––––

5. This refers to the fair in Paris formerly known as the "Gingerbread Fair" because of the gingerbread sold in 957 by Saint-Antoine Abbey at what was then the Place du Trône and is now the Place de la Nation.

Le Sortilège des Manèges

À la fête enchantée du pain d'épices[6],
Il y a des parfums qui attirent,
Des goûts qui envoûtent
Et des couleurs qui engendrent des rires.
Friandises, *churros* et pommes d'amour,
Délectent avec leurs arômes irrésistibles.
Les manèges illuminés qui capturent,
Font prisonniers les gourmands
Qui succombent au sortilège.
Le sort jeté se propage et de la grande roue,
Ils se laissent happer, comblés d'être choisis.
Les montagnes russes veulent dans leurs wagons,
Les hurlements téméraires ;
Les trampolines élastiques enlacent
Les rires et les yeux brillants ;
La course de chevaux, elle, fait bondir ses balles
Vers des mains émerveillées de frénésie ;
Quelques machines à sous agrippent avec leur éclat,
Les regards avides de gloire ;
Quant au règne des miroirs, il chérit
Les visages hésitants.
Des résonances de ballons qui éclatent
Sèment des voix d'épouvantes,
Qui en profitent pour exhorter les audacieux
À visiter la maison hantée.
L'on se promène allègres,
Entre le train de la chenille qui chancelle
Et les canards qui deviennent les souvenirs,
Que l'on pêche avant la fin d'une soirée fantaisiste.

---

6. Il est fait référence ici à la fête foraine parisienne qui autrefois était nommée :
« Foire aux pains d'épices », en raison du pain d'épices que vendait l'abbaye Saint-
Antoine sur la place du Trône — aujourd'hui, place de la Nation — en 957.

Once the music comes to an end,
The silent eurythmics of the uncontrollable rides
Can be heard. It is time to break up their festivities;
Joy springs up and overflows from the prisoners
Now liberated from the spell.

Lorsque s'arrête la musique jouée,
Sonne l'eurythmie silencieuse des manèges incontrôlables.
Il est l'heure d'écorcer leur fête :
La joie jaillit et déborde des prisonniers
Maintenant libérés du sortilège.

The Hands of Time

Because of the dreamy clock and its jumbled thoughts,
Showing eight o'clock when it's half past two,
We don't really know how many seasons
Remain in springtime's odyssey.
Only the shooting stars, like the hands of time,
Immutable in the sky, never forget
The redolence of the blooms.
The stars know how to mix the fragrances
And give a new meaning to the journey of renaissance.
We lift our heads up toward the sky and discover
That we have finally found time again,
That the savors, like the seasons, are eternal.

Les Aiguilles du Temps

À cause de l'horloge rêveuse et de ses pensées désordonnées,
Qui montrent huit heures quand il est deux heures,
L'on ne sait plus combien de saisons
Il reste à l'odyssée du printemps.
Seules les étoiles filantes, telles les aiguilles du temps,
Immuables dans le ciel, n'oublient pas
L'odeur qu'ont les éclosions.
Les étoiles savent doser les fragrances
Et redonner un sens au voyage de la renaissance.
L'on relève la tête vers le ciel et découvre
Que les heures sont enfin retrouvées,
Que les saveurs, comme les saisons, sont éternelles.

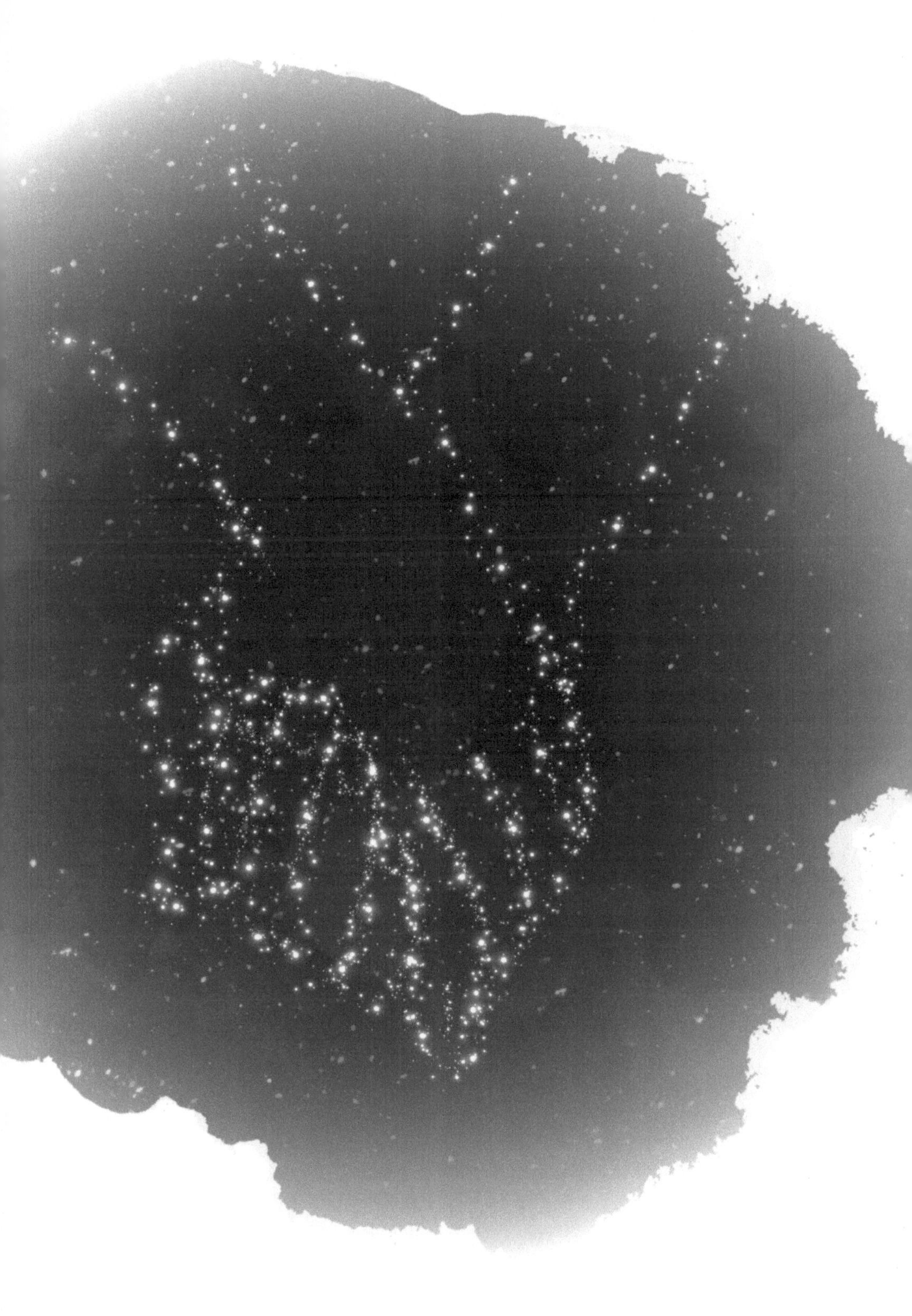

Reckless Tern[7]

The route, charted with the natural smile of a boat
And its adventures incised on its oars,
Shares emotions never before felt.
The legends and fables of emotion prepare
The reckless tern, who grows rich on golden tears
And fills itself with the marvels of these magical landscapes.
Sometimes it imagines
That on the other side, it is impatiently awaited
By faces hanging over the quay of the port,
Ready to share an embrace or a flurry of kisses.
Its eyes filling with dreams, it thinks,
"The return of the reckless tern
Will be majestic!"

---

7. There are several genera of terns. For this poem, I chose the lesser crested tern, a migratory bird found near tropical and subtropical waters that feeds near the coastline.

Sterne Téméraire[8]

La route traversée avec le sourire naturel d'une barque
Et de ses péripéties incisées sur les rames,
Partage des émotions encore jamais éprouvées.
Les émotions préparent avec des légendes et des fables,
La sterne téméraire qui s'enrichit de larmes dorées
Et s'emplit de merveilles dans ces paysages magiciens.
Elle imagine parfois
Que de l'autre côté, l'attendront impatients,
Les visages penchés sur le quai du port,
Prêts à échanger des embrassements et des baisers.
Et, se dit, plein de rêves dans les yeux :
« Le retour de la sterne téméraire
Sera majestueux ! »

____

8. Il existe plusieurs genres de sternes. Le choix ici s'est porté sur la sterne voya-geuse ; qui est un oiseau migratoire fréquentant les eaux tropicales et subtropicales et se nourrissant proche du littoral.

The Gracious Young Ladies

In the moonlight, when the springtime,
Bubbly and brimming with vitality,
Rises to converse with the stars,
The sky lights up to reveal
All the veiled beauties.
The stars are flirtatious and pretty,
And to remain ever gracious,
They seek out mirrors in which to shine through and to preen.
They end up in baths,
Submerged in the warm mists
That intoxicate the sensory voyage
Enfolded in this paradise.
Shivering celestial bodies immerse themselves
To savor the sweet contrast
Of nighttime cold
Intertwined with the burn of firewater
Before they return drunk on memories, penetrating the skin
And intermingle with the gracious young ladies.
It is their laughter that insomnia,
Astonished, shooting a glance into the air,
Likes to listen to.

La Rencontre des Demoiselles Gracieuses

Au clair de lune, quand la saison printanière,
Pétillante et pleine de vitalité,
Monte converser avec les étoiles,
Le ciel s'allume et découvre
Toutes les beautés voilées.
Les étoiles sont coquettes
Et pour être toujours plus gracieuses,
Elles cherchent les miroirs où reluire et se pomponner.
Elles se retrouvent dans des bains,
Submergés par des fumées de chaleur,
Enivrant le voyage sensoriel
Renfermé dans ce paradis.
Les astres frissonnants s'y immergent,
Pour savourer le doux contraste
Du froid de la nuit
Métissé à la brûlure de l'eau de vie,
Avant de rentrer saouls des souvenirs pénétrés dans la peau,
Et à se partager avec les demoiselles gracieuses.
Ce sont leurs rires que, stupéfaite,
Et avec un coup d'œil hasardé en l'air,
L'insomnie aime écouter.

The Bouquet of Melodies

In the darkness of night,
When your heavy head
Refuses to sleep and cannot find the strength
To shake off a memory, something
Afflicted and ephemeral or confused and irretrievable
—You cannot know and barely sense it,
Lost as you are in the meanders of thought—
There is the bouquet of melodies
Coming to ease your mind.
In the silence of the chaos
Wedged into the head's entanglements,
Music appeases your tumultuous ideas.
Teeming with surprises, your thoughts
Promise to change
Just steps after they are invited to dance.
A shadowy blue eyeliner, a mother-of-pearl gaze,
And the lazy yawns
Of your bored and troubled thoughts slip away.
Captivating is the beauty enveloped
In a charming and elegant
Bouquet of melodies,
When it offers its sensuality and serenity.
The hours become sheer delight,
And your head overflows with suggestions.

Le Bouquet de Mélodies

Dans l'obscurité de la nuit,
Quand la tête encombrée
N'arrive pas à s'endormir et ne trouve pas les forces
Pour se libérer d'une mémoire
Qui est affligée et éphémère ou perdue et confuse
– Elle ne le sait pas, elle le devine à peine
Pendue aux méandres de ses pensées —
Pour la distraire, il y a le bouquet de mélodies.
Dans le silence du chaos
Coincé dans l'enchevêtrement de la tête,
La musique apaise les idées tumultueuses
Qui, surprises et fourmillantes,
Promettent de se changer
À peine les invite-t-on à danser.
Un crayon bleu ombré, un regard perlé,
Et s'envolent les bâillements fainéants
De la tête troublée et ennuyée.
Captivante est la beauté enveloppée
Dans un bouquet de mélodies,
Galant et élégant,
Qui s'offre avec sensualité et sérénité.
Les heures deviennent délices et
La tête se comble de suggestions.

The Volcano's Eruption

The volcano's strange nature
When it explodes with a clenched fist
Burns anger with madness,
Smokes its sleepless inspirations,
And caresses poetry.
It hurls out words enclosed in its fingers
And those seized on the tip of its tongue.
It grips the pencil,
Lays its heart on paper,
Dreaming that poetry will take it
In a life embroidered with books and stories,
Where the magnificence of a word,
Scribbled on a scrap of night,
Has the power to embed images in the mind.
The book already cries its joy to be taken and perused,
With the promise to satisfy
A future full of *tête-à-têtes*.

L'Éruption du Volcan

L'étrange nature du volcan
Quand il explose, avec son poing serré,
Brûle la colère avec la folie,
Fume les inspirations insomniaques
Et caresse la poésie.
Il jette les mots enfermés dans ses doigts
Et ceux capturés sur le bout de sa langue.
Il empoigne le crayon,
Pose son cœur sur le papier,
En rêvant que la poésie puisse l'emmener
Dans une vie brodée avec des livres et des histoires,
Où la magnificence d'une parole,
Griffonnée sur un bout de nuit,
A le pouvoir d'ancrer de la fantaisie dans les esprits.
Le livre crie déjà le bonheur d'être pris et parcouru,
Avec la promesse d'assouvir
Un demain plein de tête-à-tête.

The Rubik's Cube[9]

Left for a long time in the drawer of
Forgotten felt-tip pens in disarray,
The Rubik's cube, darkened by dust
And the cobwebs of the imagination,
Lights up, and sparks shine through when
It is dusted off and played.
It awakens the sleeping brain
With logic and patience after a few lucky tries.
The mind admires these fruit-colored squares
And is taken with the appeal of precision,
Where there are only representations of pleasure and creation,
Eager to extend beyond its psyche.
You do not go anywhere without the Rubik's cube
To keep it away from the specks of dust that,
Like the poppy leaves so favored by Morpheus,[10]
Put you to sleep with their touch.

---

9. In this poem, the Rubik's cube illustrates the desire for the creation, representation, and realization that plays out in games.
10. In Greek mythology, Morpheus is the god of prophetic dreams whose task it is to put mortals to sleep by brushing them with a poppy leaf.

Le Rubik's Cube[11]

Longtemps laissé dans le tiroir
Des feutres oubliés et en désordre,
Le *Rubik's Cube*, assombri sous la poussière
Et les toiles d'araignées de l'imagination,
S'illumine et transparaissent ses étincelles, quand
Il est épousseté pour être joué.
Il éveille le cerveau endormi,
Avec logique et patience, après d'heureuses tentatives.
Le cerveau admire ces petits carrés couleur fruits,
Et s'éprend du goût de la précision ;
Où il n'existe que représentations de plaisirs et créations,
Avides de se répandre au-delà de sa psyché.
L'on ne va plus nulle part sans le *Rubik's Cube*
Pour l'éloigner des grains de poussière qui,
Comme les feuilles de pavot aimées de Morphée[12],
Avec un toucher endorment.

---

11. Le *Rubik's Cube*, dans ce poème, illustre le désir de la création, de la représentation et de la réalisation, qui passe par le jeu.
12. Morphée est, dans la mythologie grecque, le dieu des rêves prophétiques et a pour rôle d'endormir les mortels, en les effleurant avec une feuille de pavot.

The Dreamer's Crossing

Often the dreamer loses his words,
At times in his sulking pencil-case,
At times in the dry ink of his offended pen.
He navigates with his bag full of ignorance
But forgets to carry his books of knowledge in which,
With practice, he finds precious treasures.
To attain liberty and independence,
The only thing left to do is to delve
Into his notebook, bulging with stories,
Leaf through it and toss it into the sea.
With a hop, he dives in
And lands between the lines.
He hoists up the pages, and in an instant,
The notebook has become a boat,
The pages have been changed into sails,
And the lines into ropes.
He may lack words,
But his imagination is always with him,
Letting him take center stage
In his revolutionary crossings.
Intrigued in his boat, he catches sight of the lost words,
Swimming like fish he could catch,
But he prefers simply to read them
And be enticed by his narratives.
As soon as the boat reaches the shore,
He turns the page and becomes a dreamer somewhere else.

La Traversée du Rêveur

Le rêveur souvent perd ses mots
Tantôt dans sa trousse boudeuse,
Tantôt dans l'encre sèche de son stylo offensé.
Il navigue avec son sac ignare,
Mais oublie d'y mettre ses livres de savoirs,
Où, d'usure, il déniche des trésors précieux.
Pour atteindre liberté et indépendance,
Il ne lui reste qu'à fouiller
Dans son cahier bombé de tant d'histoires,
Le feuilleter et le jeter à la mer.
Un saut, il plonge dedans
Et amerrit entre les lignes.
Il hisse les pages et soudainement
Le cahier est devenu barque,
Les pages ont été changées en voiles,
Les lignes en cordes marines.
S'il lui manque les mots,
Son imaginaire l'accompagne partout :
Le laissant se mettre en scène
Dans ses traversées révolutionnaires.
Intrigué sur sa barque, il aperçoit les mots perdus
Nageant comme des poissons, qu'il pourrait pêcher ;
Il préfère les lire simplement
Et s'allécher par ses récits.
Dès que la barque aborde le rivage,
Il tourne la page et redevient rêveur ailleurs.

The Feather's Sway

Writing captures the soul.
It drives the beats
That rock and resonate in the body,
That spark a feeling,
That bring life into the veins.
They spread,
Return love to the unconscious mind,
Serenading it with musical vibrations.
The soul suddenly aspires
To follow the fragrance of this percussion
And finally intertwine with it forever.
Writing, expressing life with a feeling,
Has the power to enliven the body,
As if it were the score for an instrument.
The ink meanders.
It works its way in deep and radiates.
It sees itself transposed on the beats
Throughout the body, like a swing
Touched by a breeze or a hand.
Writing makes words resonate
And shiver in the beats,
Revealing them on the page,
Like the symphony that discovered feelings.
Writing, writing…
When writing is music,
It interweaves perfumes with rhythms,
Magic with life,
Play with love.

Le Balancement de la Plume

L'écriture capture l'âme,
Elle procure des battements,
Qui cognent et résonnent dans le corps,
Qui allument un sentiment,
Qui entrent la vie dans les veines.
Ils se répandent,
Ramènent l'amour à l'inconscience,
Lui chantent des vibrations musicales.
Le cœur aspire soudainement
À suivre la fragrance de ces percussions,
Pour enfin les enlacer à tout jamais.
L'écriture qui exprime la vie dans un sentiment,
A le pouvoir d'animer le corps,
Comme s'il était la partition d'un instrument.
L'encre serpente,
Elle s'immisce et rayonne,
Elle se laisse transposer sur les battements,
Comme une balançoire quand elle est touchée,
Par un souffle ou une main.
L'écriture fait sonner les mots,
Les fait frissonner dans les battements,
Les dévoile par sa plume, sur sa page,
Comme la symphonie qui a découvert les sentiments.
L'écriture, l'écriture…
Quand l'écriture est musique,
Elle mêle les parfums aux rythmes,
La magie à la vie,
Les jeux à l'amour.

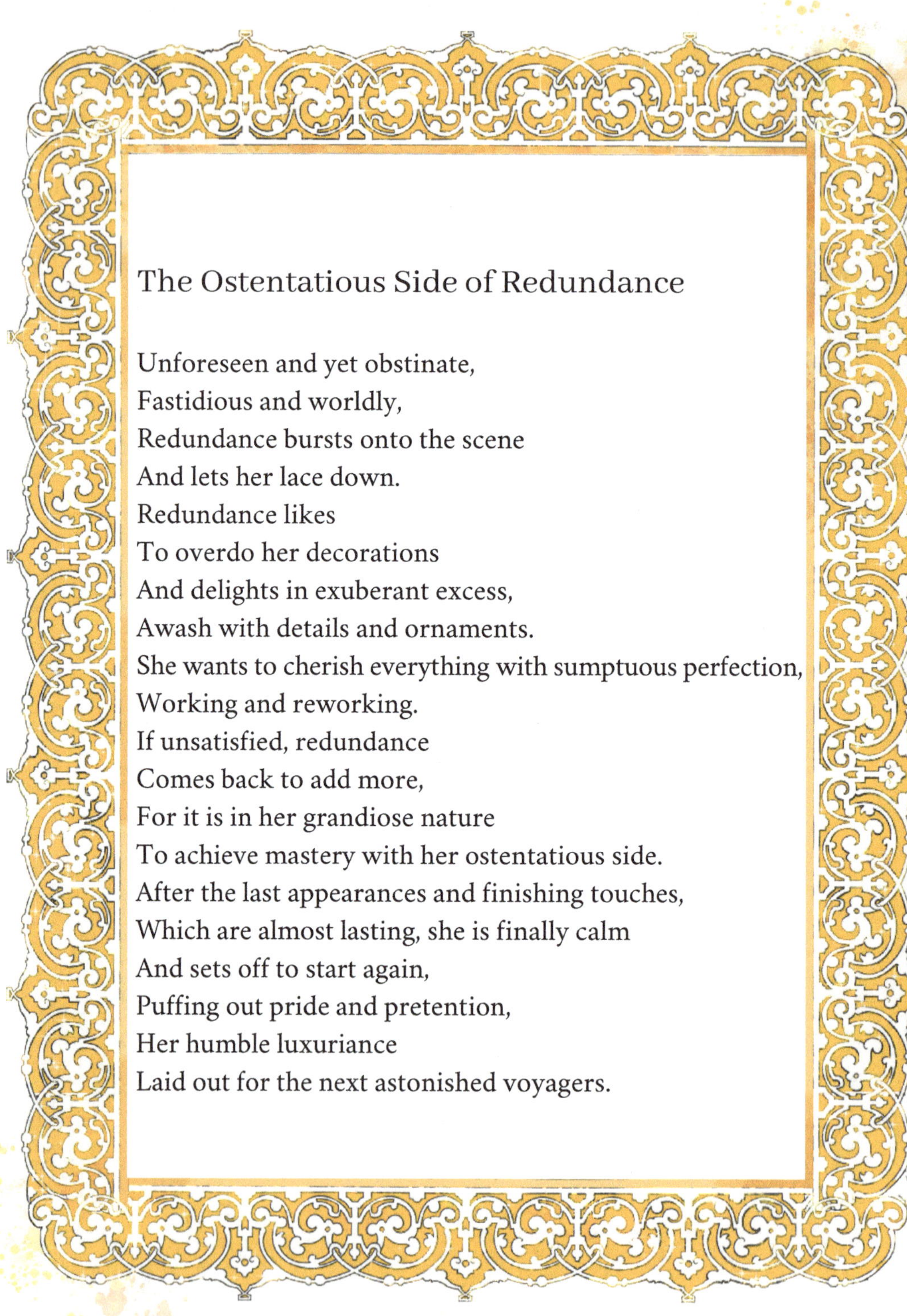

The Ostentatious Side of Redundance

Unforeseen and yet obstinate,
Fastidious and worldly,
Redundance bursts onto the scene
And lets her lace down.
Redundance likes
To overdo her decorations
And delights in exuberant excess,
Awash with details and ornaments.
She wants to cherish everything with sumptuous perfection,
Working and reworking.
If unsatisfied, redundance
Comes back to add more,
For it is in her grandiose nature
To achieve mastery with her ostentatious side.
After the last appearances and finishing touches,
Which are almost lasting, she is finally calm
And sets off to start again,
Puffing out pride and pretention,
Her humble luxuriance
Laid out for the next astonished voyagers.

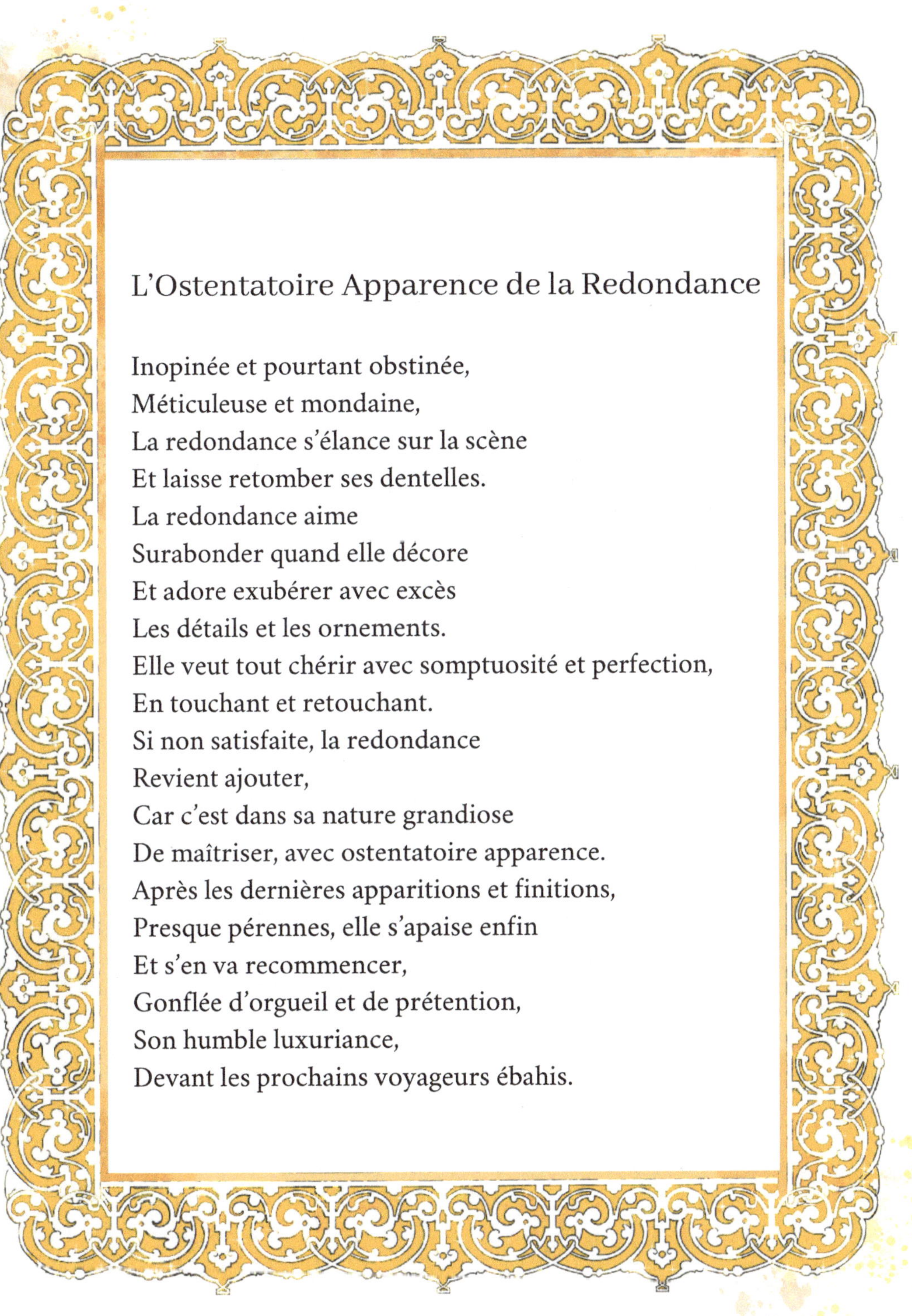

L'Ostentatoire Apparence de la Redondance

Inopinée et pourtant obstinée,
Méticuleuse et mondaine,
La redondance s'élance sur la scène
Et laisse retomber ses dentelles.
La redondance aime
Surabonder quand elle décore
Et adore exubérer avec excès
Les détails et les ornements.
Elle veut tout chérir avec somptuosité et perfection,
En touchant et retouchant.
Si non satisfaite, la redondance
Revient ajouter,
Car c'est dans sa nature grandiose
De maîtriser, avec ostentatoire apparence.
Après les dernières apparitions et finitions,
Presque pérennes, elle s'apaise enfin
Et s'en va recommencer,
Gonflée d'orgueil et de prétention,
Son humble luxuriance,
Devant les prochains voyageurs ébahis.

The Satisfied Chapter

The voyager's book continues to expand during its odyssey.
Sometimes, novelties intrigue it,
And it loses itself in its adventures.
It is surprised as it corrects its pages,
Smudging its experiences and spearheading its conquests
With the ink of a pen
Honed to an ever-sharper point.
It studies itself and offers encouragement.
It improves itself, coming into its own.
The voyager's book resumes its satisfied chapter,
It lifts its pen and pursues each of its passions.

Le Chapitre Satisfait

Le livre du voyageur se complète dans son odyssée.
Parfois, il s'éprend de nouveautés
Et se perd dans ses aventures.
Il s'étonne en corrigeant ses pages,
En maculant son expérience et en transperçant ses conquêtes,
Avec l'encre d'une plume à la pointe
Toujours plus affilée.
Il s'étudie et s'encourage
Il s'améliore et se retrouve.
Le livre du voyageur reprend son chapitre satisfait,
Il lève son stylo et poursuit chacune de ses passions.

The Cycle of Life

The quickened sigh of life
Seeks to hurry the dreamer's crossing
And remind him of his stupefaction,
When, as a child, a tender kiss awoke him,
Delicately brushing his forehead.
The child explores this softness,
Which he plants in the garden of his memory,
Imbuing it with his mother's smile.
These values have blossomed since his childhood;
His eyes, sprinkled with fables and tales,
Have become, with time,
The mirror that still reflects
Loving faces, shared stories.
He never stops learning the cycle of life:
The fragile feeling that, one day,
Makes it possible to take someone by the hand
And bring that person next to you, exchanging a glance
And perceiving the cradle of your future flowering.

Le Cycle de la Vie

Le soupir haletant de la vie,
Veut précipiter la traversée du rêveur,
Et lui rappeler sa stupéfaction
Quand, enfant, il était réveillé par un tendre baiser,
Déposé délicatement sur son front.
L'enfant explore cette douceur
Qu'il jardine dans sa mémoire
Et qu'il empreinte au sourire de sa maman.
Ce sont des valeurs écloses depuis son regard infantile ;
Ses yeux, parsemés de fables et de contes,
Sont devenus, avec le temps,
Le miroir où se reflètent encore,
Les visages aimants, les histoires partagées.
Il n'a de cesse d'apprendre le cycle de la vie :
Le sentiment fragile qui, un jour,
Rend capable de prendre quelqu'un par la main
Et l'amener à côté de soi, pour échanger un regard
Et y apercevoir le berceau de leur future floraison.

PART TWO

DEUXIÈME PARTIE

The Book's Quote

"With my gaze,
I will reveal to you
My most surprising thoughts,
My most ambiguous joys,
My most ardent desires.
And if you know what to make of them,
You will know how to bring me to death
And bring me to life in your hands."[13]

---

13. Quotation marks are used to make the poem more real by providing a voice in the lines that a book might have written to the reader.

La Citation du Livre

« Avec mon regard
Je te révélerai
Toutes mes pensées les plus étonnées,
Toutes mes joies les plus confuses,
Tous mes désirs les plus ardents.
Et si tu sauras quoi en faire,
Tu sauras me faire mourir
Et renaître entre tes mains. »[14]

____

14. Les guillemets ont été insérées afin de rendre le poème plus réel, en donnant une voix à travers les lignes qu'aurait écrites un livre à l'attention du lecteur.

The Silhouette of the Encounter

Once again, the sleepless chimes ring out.
Three harmonious melodies,
And the surrounding silence approaches with a muffled step.
Against the silhouette of the encounter, the nostalgia of a lost embrace
Caresses the memory of skin smooth as satin.
The silhouette of the encounter, unreal, abstract,
Would like another chance to be held so close.
Time is washing over her, and maybe, she thinks,
If she stays awake, time might prolong itself.
She chases after time, winding it back in her memories
To find the lost embrace—such a delicious embrace.
If she opens her eyelids, she imagines that the embrace
Could surprise her with its presence.
But, yet again, the chimes sing
Four harmonious melodies;
She lifts her eyes and meets with silence.

La Silhouette de la Rencontre

De nouveau, retentissent les carillons insomnieux.
Trois airs de mélodie harmonieux
Et le silence autour approche à pas feutrés.
Sur la silhouette de la rencontre, la nostalgie d'une étreinte perdue
Caresse le souvenir d'une peau satinée.
La silhouette de la rencontre, irréelle, abstraite,
Voudrait avoir la chance d'être serrée encore.
Le temps coule sur elle et peut-être, pense-t-elle,
Qu'en restant éveillée, il pourrait se prolonger.
Elle court après le temps, le remontant dans ses mémoires
Pour rejoindre l'étreinte perdue — aussi délicieuse était-elle.
Si elle entrouvre les paupières, elle imagine que l'étreinte
Pourrait la surprendre par sa présence.
Mais, de nouveau, chantent les carillons,
Quatre airs de mélodie harmonieux,
Elle relève les yeux et retrouve le silence.

Seeds of Life

The music capriciously flees,
Then furiously refuses to return,
Because it covets the keenest of emotions
That a person can dance with in life—
These emotions that sometimes we wrap up
In a handkerchief to keep them
Always with us.
We bury this piece of fabric in our pocket and easily
Protect these musical notes
Out of fear they might lose their power and be saddened.
The emotion of music stirs up tears and dreams with its eyes open;
It teems with shivers that release our tears.
The handkerchief kindly soothes melancholia;
It frees musical notes, knowing how to recognize
The sound of a smile when it drops to the ground.
Music takes flight, leaving in its wake
The seeds of emotion that have been leafed through.
Its very roots are consoled
From which will flourish the trees of life.

Les Graines de la Vie

Capricieuse, la musique fuit,
Furieuse, elle refuse de revenir,
Parce qu'elle convoite les émotions les plus vives,
Que l'on puisse danser dans une vie.
Ces émotions que l'on enferme quelques fois
Dans un mouchoir, pour pouvoir les emporter
Toujours avec soi.
L'on enfouit ce bout de tissu dans sa poche et aisément,
Protège ces notes de musique,
Parce que l'on craint qu'elles ne s'abîment et ne se chagrinent davantage.
L'émotion de la musique fait naître des larmes et rêve les yeux ouverts,
Elle foisonne en frissons et se décrochent les larmes.
Avec gentillesse, le mouchoir rassérène les mélancolies ;
Il libère les notes de musique, car il sait reconnaître
Le bruit d'un sourire lorsqu'il tombe à terre.
La musique s'envole et laisse derrière elle
Les graines de ses émotions feuilletées.
C'est de ses racines consolées que
Fleuriront les arbres de la vie.

Seeking Out the Rare Fruit

Your eyes wear the sparkle of sunlight during the springtime
odyssey;
They rise up and strip bare; they follow and wander;
They seem to lose themselves in every angle,
In every detail.
Sometimes, they stop in front of a window
And imagine the disjointed speech of a tired day
Or an ordinary day relieved to be over—
A thousand scenarios invented to grow closer
To a fiery intensity
And seek it out everywhere.
Your eyes palpitate and flutter
When they see the fruit on a tree
And remember the sweet
Effect of surprise, when for the first time
They met and tasted each other.

À la Recherche du Fruit Rare

Les yeux se fardent de soleil dans l'odyssée du printemps ;
Ils soulèvent et dénudent, ils suivent et flânent,
Ils semblent se perdre dans chaque angle,
Dans chaque détail.
Parfois, ils s'arrêtent devant une fenêtre
Et s'imaginent des discours décousus d'une journée fatiguée,
Ou plutôt, d'une journée banale soulagée de se terminer.
Mille discours inventés pour se rapprocher
D'une fougue intense
Et vouloir la rechercher partout.
Ils finissent par palpiter et frémir
Lorsqu'ils aperçoivent le fruit sur un arbre
Et se rappellent la douceur
De l'effet de surprise, quand pour la première fois,
Ils s'étaient rencontrés et goûtés.

Mischievous Games

The teasing love that a gaze can hold
—Its burning desire to joke, sparkle, and shine
By making a face and playing mischievous games—
Is hoping for fabulous tales and euphoria.
Mischievous games tempt you to smile,
To stir and to gasp.
When love is a tease, it reaches for your hand,
Soaks the blotter in its ink, and continues with the sensuality
Of mischievous games, which know how to reignite
The heat of each withheld passion
In a bewitching dance.

Les Jeux Taquins

L'amour coquin qui renferme dans un regard
Toute la volonté de plaisanter, de pétiller et de briller,
Qui s'embrase de grimaces et de jeux taquins,
A envie de fabuleux et d'euphorie.
Les jeux taquins veulent provoquer les sourires,
Les attiser et les essouffler.
Quand l'amour est coquin, il voudrait prendre par la main,
Imbiber le buvard de son encre et recommencer le jeu sensuel
Des jeux taquins, qui savent comment raviver
Dans une danse envoûtante,
Les brûlures de chaque passion retenue.

The Elegance of a Fascinated Smile

Dancing lips
Burn with the fervor
Of seeking out encounters.
Half-open to let their dreams escape
And paint the heart,
Like a poem or a melody,
They submerge
With grace and succulence.
The seduction of the lips is passionate:
They face and embrace each other
Before leaving the print of exquisite rouge.
And, with their titillating movements,
They take on the elegance of a fascinated smile.

L'Élégance d'un Sourire Fasciné

Les lèvres dansantes
Brûlent de la ferveur d'aller à la rencontre.
Entrouvertes pour laisser s'échapper leurs songes
Et peindre le cœur,
Comme une poésie ou une musique
Elles submergent
Avec grâce et succulence.
La séduction des lèvres passionne :
Elles se regardent et s'enlacent,
Avant de déposer l'exquis rouge à lèvres.
Et, avec leurs mouvements excitants,
Elles ravissent l'élégance d'un sourire fasciné.

Forbidden Fruits

In dreams traced out with the splashes of rain,
Where umbrellas thick with petals offer refuge
To certain fruits swinging on their branch,
Other fruits prefer to taste a cool drop
Sliding down their body, which, as it goes,
Fills them with fire, highlights their shades of color,
And picks them at the instant of ripeness.
The forbidden fruits, in the hues and tones of fairies,
Please the tastebuds
And appease the ardors of the mouth.
You want to devour them with a look,
A bite, a crunch.
Their skin gives off the scent of life;
Their flesh is the ripening of the earth.

Fruits Défendus

Dans les songes esquissés des éclaboussures de la pluie,
Où, sous les parapluies garnis de pétales, se réfugient
Certains fruits qui se balancent sur leur branche,
D'autres préfèrent goûter à la fraîcheur
D'une goutte sur leur corps qui, en glissant,
Les remplit de feu, ressort leur dégradé
Et les cueille à l'instant mûris.
Les fruits défendus, avec leurs teintes féeriques,
Procurent du plaisir aux papilles
Et assouvissent les ardeurs de la bouche.
L'on souhaiterait les dévorer du regard,
Les grignoter et les mordre.
De leur peau, émane l'odeur de la vie,
De leur chair, se féconde la terre.

The Beloved Leaf

In the complicity of two birds high above,
Chasing and giving chase,
Not leaving time the chance
To link them in the desired embrace,
An autumn leaf breaks free and forgets the way back,
As it sketches out a labyrinth.
Starting to despair, the tree that lost its leaf
Learns to deal with its absence
By hiding its wounds in its roots
And letting its tears fall with the sap,
Where the amber memory of the beloved leaf remains radiant.
Feeling some fear of the unknown, the leaf obeys the serpentine
Streams of the tumultuous wind,
Dying of happiness and being reborn with a smile,
As it gives in to the new dance
And grows enchanted with the intoxicating voice
Of the two mischievous birds,
Who, in spite of themselves, have not ended their flight.
In the spring, they meet in the tree's foliage,
And the leaf, now crystallized on the branch,
Is freed from its sufferings.

La Feuille Bien-Aimée de l'Arbre

Dans la complicité de deux oiseaux qui survolent,
Se voulant et se chassant,
Privant le temps de consentir
À les lier dans l'étreinte recherchée,
Se détache la feuille d'automne qui, dessinant un labyrinthe,
Oublie le chemin du retour.
Un peu par désespoir, l'arbre qui l'a perdue
Apprend à supporter son absence
En cachant ses blessures dans ses racines
Et en laissant tomber ses larmes avec sa sève,
Où la souvenance ambrée de sa feuille bien-aimée resplendit.
Un peu par peur de l'inconnu, la feuille obéit aux serpentements
Des flots du vent tumultueux
Pour mourir de bonheur et renaître en souriant,
En se concédant une nouvelle danse,
En s'enivrant de la voix enchanteresse
Des deux oiseaux espiègles,
Qui, malgré eux, n'ont pas su cesser de voler.
Au printemps, ils se rejoignent dans le feuillage de l'arbre :
La feuille désormais cristallisée sur la branche
Est libérée de ses douleurs.

The Ballet

When the high grasses quiver
To the melodious sound of the birds,
The swans on the edge of the lake dart ahead
With sleek beauty;
The water lilies don colorful dresses;
A group of wanderers strolling by
Stops to savor the scene;
They each pluck a flower
And, as spectators,
They cense a hymn to nature's ballet.

Le Ballet

Lorsque tressaillent les hautes herbes
Au son mélodique des oiseaux,
Les cygnes au bord du lac s'élancent avec joliesse,
Les nénuphars se revêtent de robes colorées,
Un groupe de promeneurs passant par-là
S'interrompt et se délecte ;
Ils détachent chacun une fleur
Et, en tant que spectateurs,
Encensent un hymne au ballet de la nature.

The Amorous Shock of Paradox

When paradox walks here and there,
He confounds those he meets,
Telling one story to one person
And another to another,
And then his story to her and hers to him,
And continuing this way without shame or guilt
Because he likes what is strange,
What disinhibits the desire to understand and experiment;
He follows the lead of his contradictions.
When he opens his eyes, he is already in a new place,
In the most singular surroundings,
Where he can tell his stories
To those who have not yet heard them,
To those who have not yet wound themselves into an elastic loop
That, when thrown,
Twists and returns to where it came from
So quickly it causes a crimp in the neck,
To whomever, in all innocence, wants to possess it
Without ever being able to grasp it.
Stunned and stricken, they always leave too late,
And the paradox, fulfilled, goes on his way.
But one day, he runs up against time and,
Not liking fixed hours,
Seems unexpectedly all straightened out!
And those who know him,
Who met him in this state, exclaim
That he must have fallen in love!

Le Choc Amoureux du Paradoxe

Le paradoxe qui se promène ici et là
Confondant ceux qu'il rencontre,
En racontant une histoire à l'un
Et une autre à l'autre,
Et puis de nouveau l'histoire de l'un à l'autre,
En recommençant sans honte ni complexe,
Puisqu'il aime les étrangetés
Qui désinhibent l'envie de comprendre et d'expérimenter,
Se laisse guider par ses contradictions.
Quand il ouvre les yeux il est déjà dans de nouveaux lieux,
Dans les horizons les plus insolites,
Où il peut raconter ses histoires
À qui encore ne le connaît pas,
À qui encore ne s'est pas tordu, en suivant un lacet élastique
Qui, quand on le lance,
S'entortille et revient en arrière,
Tellement rapide qu'il provoque un torticolis
À qui, innocemment, veut le posséder
Sans ne jamais réussir à l'agripper.
Abasourdis et abusés ils s'en vont toujours trop tard,
Et le paradoxe s'en va accompli.
Mais lui qui n'aime pas les horaires et un jour,
Se heurte au temps,
Apparaît de manière inattendue, tout réglé !
Et ceux qui le connaissent,
En le rencontrant tel quel s'exclament
Qu'il doit être tombé amoureux !

Lianas In Love

Lianas climb and weave knots
To clasp hands in shared delight.
Their beating heart is transmitted from one hand to the other,
Their veins intermingle,
And they paint between their interlocking fingers
The knot that will seal their union.
Amidst a murmur, the love of the lianas
Creates a painting with tropical attraction.

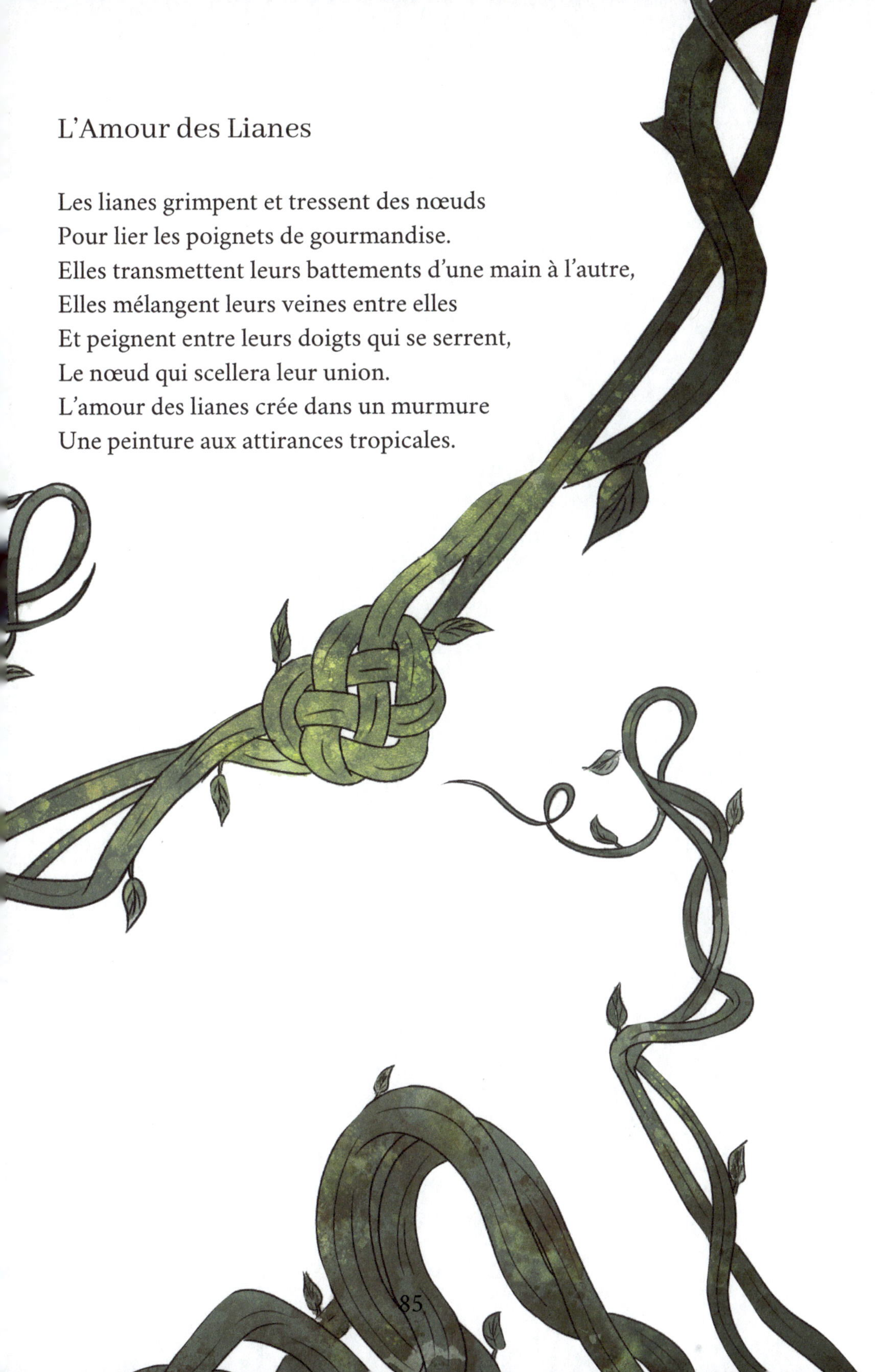

L'Amour des Lianes

Les lianes grimpent et tressent des nœuds
Pour lier les poignets de gourmandise.
Elles transmettent leurs battements d'une main à l'autre,
Elles mélangent leurs veines entre elles
Et peignent entre leurs doigts qui se serrent,
Le nœud qui scellera leur union.
L'amour des lianes crée dans un murmure
Une peinture aux attirances tropicales.

The Puzzle of the Stars

In a deep state of calm, the puzzle
Of the star-shaped souls is composed,
Starting with the frame
And rapidly reaching
The niche of the heart,
Which has become mad and impetuous
By the fiery need
To be complete.
They are waiting for the last nerve
To be laid down
And overturned once again
By the force of their shared breath.
Torment and pleasure
Gravitate around them,
Like planets
That, without their sun,
Are no longer orbiting.
Everything perishes,
Sad and extinguished.
The waiting grows more
Intense and profound:
"What are you waiting for to install the last piece
We need
To light up the sky?"

Le Puzzle des Étoiles

Avec beaucoup de calme l'on compose
Le puzzle des âmes étoilées,
En commençant avec le cadre
Pour arriver rapidement,
Où se trouve leur cœur,
Devenu fou et emporté
Par le besoin fougueux
D'être complété.
Elles attendent que soit déposé
Le dernier nerf manquant,
Pour chavirer de nouveau
Sous leur souffle partagé.
Tourment et plaisir
Qui gravitent autour d'elles,
Comme les planètes
Qui, sans leur soleil,
N'orbitent plus.
Tout périt,
Malheureux et éteint.
L'attente se fait plus
Intense et profonde :
« Qu'attends-tu pour mettre la dernière pièce
Dont l'on a besoin
Pour illuminer le ciel ? »

The Russian Mountains[15]

On the Russian Mountains, the custom is to feel
Strong sensations resonating in the heart,
Like a punch that lands in the chest,
That rings out, like echoes against the rocks,
That takes your breath away,
Like a descent already off to a rapid start,
Falling so fast the body lifts
And remains immobilized for an instant.
Strong sensations infuse a flavor of reversal;
They install the sun where the moon should be
And turn the cosmos upside down;
They oscillate on a heartbeat,
Like the music that stirs up temptations
And metamorphoses them into impulsion.

---

15. The Russian Mountains were the precursors to roller coasters.

Les Montagnes Russes

Sur les montagnes russes, la coutume est d'éprouver
Les sensations fortes qui résonnent dans le cœur,
Comme l'on reçoit un coup de poing sur la poitrine ;
Qui retentissent, comme l'écho sur les rochers ;
Qui coupent le souffle,
Comme une descente entreprise à la volée,
Tellement rapidement à en relever et immobiliser
Le corps, l'espace d'un instant.
Les sensations fortes infusent une saveur de renversé,
Elles installent le soleil à la place de la lune
Et bouleversent le cosmos ;
Elles chancellent sur les rythmes cardiaques,
Comme la musique qui élève les tentations
Et les métamorphose en impulsion.

To the Eighth Marvel

The delight of tasting each moment,
Each fraction of an instant,
As if it were a piece of candy,
Sweet and slightly sour,
Reveals mystery to seduction.
It fills you with unknown aromas
And foreign desires,
And makes curiosity robust.
It captures everything on a canvas
Of shooting stars that, without stopping,
Sketch out the sky
By lighting it with fireworks.
These are the new extravagances put forward
On this tantalizing canvas,
Which can only be contemplated in dreams.
To the eighth marvel,
You want to murmur your words,
Like the dew caresses
The petals as they awaken.

À la Huitième Merveille

Le délice de goûter à chaque moment,
Chaque brin d'instant,
Comme s'il était un bonbon,
Doux et légèrement acidulé,
Révèle le mystère à la séduction.
Il remplit d'arômes inconnus
Et d'envies étrangères,
Il prête une hardiesse à la curiosité.
Il attrape tout dans une toile
D'étoiles filantes qui, sans s'arrêter,
Esquissent le ciel,
En l'illuminant de feux d'artifice.
Ce sont de nouvelles extravagances offertes,
Sur cette toile attirante,
Qui ne se laisse contempler que dans les songes.
À la huitième merveille
L'on voudrait susurrer les paroles,
Comme la rosée caresse
Les pétales au réveil.

The Rhythmical Crossing

The crossing of the mind blends in
And slowly restores order
With complexity,
Like a pianist who conceives of a new melody,
Forcefully subjugates his secrets and goes free,
Who throws uncertainties into oblivion,
As he listens to his emancipating rhythms.
Since the birth of this musical score,
Everything has become felt pens and treble clefs.
The crossing of the notes of exoticism
Skips along and colors this new canvas,
By choosing the hues of passion
To bring the arts together.

La Croisée Rythmique

La croisée de l'esprit s'entremêle
Et lentement remet de l'ordre,
Avec complexité,
Comme un pianiste qui conçoit une mélodie nouvelle,
Subjugue avec force ses secrets et se libère,
Qui envoie dans l'oubli les incertitudes,
En écoutant ses rythmes émancipateurs.
Depuis qu'est né ce cahier de musique,
Tout est devenu feutres et clés de sol.
La croisée des notes d'exotisme
Sautille et colorie cette nouvelle toile,
En choisissant les teintes de la passion
Pour assembler les arts entre eux.

Butterfly Jazz

The swooping butterflies are like the first
Composition of a musician, remaining forever engraved,
Decorating and embellishing the air with floral notes.
The jazz musicians of spring know how
To hammer the drums, creating rhythm and desire;
Even the crickets make the maracas sing.
The scarab beetles also come out to strum the double bass
While the fireflies in the background play the trombone.
No one there plays the saxophone, guitar, or piano, not yet,
But musicians come forward, enchanted, to join in
With the bells and claviers provided by the squirrels
And the beavers, who, wearing away wood and soil, can make anything.
You hear the impassioned swing of the much-awaited season
Of the butterflies.

Le Jazz des Papillons

Les papillons, virevoltants, sont comme la première
Composition d'un musicien, qui reste gravée à jamais,
Décorant et ornant l'air de notes fleuries.
Les musiciens jazz du printemps savent
Tambouriner la batterie, en rythmant et en donnant envie
Même aux grillons de chanter les maracas.
Les scarabées aussi sortent pour gratter la contrebasse,
Pendant que les libellules en arrière-plan jouent le trombone.
Manquent les interprètes de saxophone, guitare et piano
Qui vite, enchantés, s'unissent
Avec les cloches et claviers apportés par les écureuils
Et les castors qui, en rongeant, savent tout fabriquer.
C'est le swing enflammant de la tant désirée saison des papillons.

The Musical Duo

The song of the guitar that escapes from the hills
—Its body held
Tight against the player's
Who pinches its cords with his fingers,
Barely touching them,
As if they were a work of art only to be seen—
Enchants the admiring listeners.
The musical duo is sitting beneath a cherry tree
Star-studded with white jewels.
Warm sunlight kisses their skin,
While they dazzle the atmosphere,
Inviting the listeners closer.
This dreamer fascinates with the sound of his guitar,
And to make an even greater impression on them,
He seizes his guitar, drums a tune on its body,
And adds his own voice.

Le Duo Musicien

Le chant de la guitare qui s'échappe des collines
– Prise par le corps,
Serrée contre celui du joueur,
Pour pincer ses cordes entre ses doigts
Et les toucher à peine,
Comme si elles étaient une œuvre d'art seulement à admirer —
Envoûte les auditeurs admiratifs.
Le duo musicien est assis sous un cerisier
Tout constellé de bijoux blancs.
Des rayons de soleil chaleureux viennent embrasser leur peau,
Alors qu'ils étourdissent l'atmosphère
Invitant les auditeurs à les écouter de plus près.
Ce rêveur fascine avec le son de sa guitare
Et pour impressionner toujours plus,
Il saisit sa guitare, exécute un air en pianotant sur son corps
Et ajoute sa propre voix.

As the Spellbinding Breeze Dreams[16]

The horizon's emotions surge when it draws its frontier
Just below the orange.
Underneath, in carpets of poppies, the butterflies rest,
Waiting for the nascent breeze to come out,
So they can rise and turn, giving themselves over
In the midst of scattered clouds.
The theatrical backdrop appears:
The living breeze wearing a scarf of every shade,
Floating poetically,
Blowing the leaves off the cherries hanging from its blouse
To slake with an amorous escape the thirst of the shadows,
Which, under its hat,
Are longing for the sensation of liberty.
The clouds blush and soften;
The orange caresses them with fuchsia before the fall
Of night's drapery.
The spellbinding breeze dreams of running its fingertips
Along the invisible line that separates grandeur
From the infinite.

16. This poem is intended as an echo of impressionism, a pictorial movement of
the nineteenth century marked in particular by the visibility of small brush strokes
and luminous colors. The central symbol of this poem is the sun represented as an
orange and butterflies hidden in poppies.

Le Rêve de la Brise Envoûtante[17]

L'horizon s'émeut lorsqu'il dessine sa frontière
Juste au-dessous de l'orange.
En bas, dans les tapis de coquelicots, se reposent les papillons,
Qui attendent que sorte la brise naissante,
Pour se lever et tournoyer, se laisser gouverner
Au milieu des nuages éparpillés.
La toile théâtrale apparaît :
La brise de vie habillée d'un foulard de toutes les nuances,
Flottant avec poésie,
Effeuille les cerises suspendues à sa chemise
Pour désaltérer à l'amour d'évasion les ombres,
Qui, sous son chapeau,
Languissent de la sensation de liberté.
Les nuages rougissent et s'attendrissent,
L'orange les caresse de fuchsia, avant que ne retombent
Les étoffes de la nuit.
La brise envoûtante rêve d'effleurer avec la pointe des doigts,
L'invisible fil qui sépare la grandeur
De l'infini.

---

17. Ce poème se veut être un écho à l'impressionnisme, mouvement pictural du XIXe S. qui se dénote principalement par la visibilité de petits traits de pinceaux et par ses couleurs lumineuses. Le soleil représenté par une orange et les papillons cachés dans les coquelicots en sont le symbole central.

The Amorous Promise of Springtime

Spring holds within itself something spectacular,
Like an explosion of artifice wherever it goes,
As if it were winter's painter,
Spreading colors over the faded white
Of clouds turned gray.
With its brushes, it spangles the bitter sky;
It twinkles, like stars that are celebrating.
In hearts, it flourishes with sensual speech
And cascades of impassioned kisses,
Exchanged with the sincere love between two souls
Who meet as in nighttime dreams
And, together, seed the fields with flowers.
Their union carries on in the winds of summer,
Galloping over the skin like freed horses.
Love and spring have always promised themselves
The eternal.

La Promesse Amoureuse du Printemps

Le printemps a en soi quelque chose de spectaculaire,
Comme une explosion d'artifices partout où il passe,
Comme s'il était le peintre de l'hiver
Étalant des couleurs sur le blanc ſané
Des nuages devenus gris.
Avec ses pinceaux, il émaille le ciel plein d'amertume,
Il scintille, comme des étoiles qui feraient la fête.
Dans les cœurs il fleurit, avec des paroles sensuelles
Et des cascades de baisers enflammés,
Échangées par l'amour sincère de deux âmes
Qui se rencontrent comme dans les songes de la nuit
Et ensemble, ensemencent les champs de fleurs.
Leur union se perpétue dans les vents d'été,
Galopant sur la peau comme des chevaux libres.
Amour et printemps se promettent depuis toujours
L'éternel.

Beauty Newly Hatched

The beauty of a bird in flight perfumes the air
And draws out his breath between the back-and-forth of his wings
Before landing on troubled branches.
The birds intertwine their feathers with the clouds and let them fall
On the sensitivity of the delighted plants.
Their floral ardor, quivering,
Is exalted in splendid nests.
The odyssey of springtime leaves dancing and pirouettes
To lovers impatient to learn
The charm of something newly hatched.

La Beauté de l'Éclosion

La beauté d'un oiseau en vol parfume l'air
Et entraîne ses souffles entre les va-et-vient de ses ailes,
Avant de se poser sur des rameaux troublés.
Les oiseaux mêlent leurs plumes aux nuages et les laissent tomber
Sur la sensibilité des plantes délectées.
Leurs ardeurs florales, frémissantes,
S'exaltent dans de splendides nids.
L'odyssée du printemps confie la danse et les pirouettes
Aux amants impatients d'apprendre
Le charme de l'éclosion.

A Wish Come True

If a wish has become true,
In the morning, as everything awakens,
After the owls and bats withdraw,
The play can start: the family acts out its first scene.
The sheets are pulled back, and the shutters
Open with a mechanical sound
Like the curtains breaking free,
After the brigadier strikes the stage with *les trois coups*[18]
When a performance begins at the theater.
The scents of coffee and hot chocolate tussle:
The wish fulfilled has brought a child's smile.
Together, hand in hand,
They are now actors and audience of morning love.

18. In the theater, especially in the French tradition, a stick called a *brigadier* is used to strike the floor of the stage three times (*les trois coups*). This is done just before the start of a performance, to attract the public's attention to the rising of the curtain.

Le Souhait Réalisé

Si s'est réalisé le souhait,

Au matin, quand tout se réveille,

Après le repli des hiboux et des chauves-souris,

La pièce peut commencer : la famille joue sa première scène.

Les draps se découvrent et les bruits mécaniques de volets

Claquent à l'ouverture

Comme les rideaux qui s'échappent,

Entre les trois coups de brigadier[19] frappés sur le plancher,

Quand au théâtre débute le spectacle.

L'odeur du café se chamaille avec le chocolat au lait :

Le souhait exaucé a apporté le sourire d'un enfant.

Voilà que tous ensemble, main dans la main,

Ils sont acteurs et spectateurs de l'amour matinal.

------

19. Au théâtre, juste avant le début d'une pièce, trois coups sont frappés avec un bâton appelé brigadier sur le plancher de la scène, pour attirer l'attention du public lors du lever de rideau.

Fragrant Pastry

The atmosphere is suddenly invaded
By an incomparable honeyed redolence
Of stewed apricots and apples.
When the bakers knead the dough,
Giving rise to dancing breads, croissants, and fruit-filled cakes
In their burning ovens
—Where a golden hue is a slow refinement
Together with an irresistible veil of honey and roasted fruit—
They diffuse their aromas into the houses, all the way to the bedrooms.
The whims of children, before they go to school,
Their mouths watering,
Find some reason to visit the land of marvels
With the excuse that knowledge spurs the appetite!
All spontaneous will is handed over
Under the influence of this fragrance,
This luscious flavor that fills the body with melted joy.

Une Pâtisserie Fragrante

L'atmosphère est soudainement envahie
Par un incomparable effluve mielleux
D'abricots et de pommes cuisinés.
Quand les boulangers pétrissent la pâte,
Faisant monter et danser, pains, croissants et gâteaux fruités,
Dans leurs fours brûlants
– Où une teinte dorée raffine lentement,
Accompagnée d'un irrésistible voile de miel et de fruits cuits —
Ils diffusent leurs arômes jusque dans les chambres des maisons.
Les caprices enfantins, avant d'aller à l'école,
L'eau à la bouche,
Prétendent un passage obligatoire au pays des merveilles,
Avec l'excuse que le savoir stimule l'appétit !
Toutes les volontés spontanées sont concédées
Sous l'influence de cette fragrance,
Cette saveur moelleuse qui délaye la joie dans l'estomac.

The Phoenix[20] of the Seasons

The lovers who exchange the ring,
Looking into each other's eyes,
Their cheeks growing rosy and embellishing their smiles with color,
Saying to each other, as their hands interlace:
"I will be yours forever,"
Who, with time, let something fade in them,
Break their fate and their promises.
Like the seasons that paint time,
Harmoniously and punctually,
The shadows creep away on tiptoe,
Moving away from their chagrin,
And memory vanishes in the echo of burnt-out trust.
Eros[21] leads Boreas, Eurus, Notus, and Zephyrus,[22]
To reignite the flame of the broken promise,
Where patience and intentions go up in smoke,
And from the ashes surges the phoenix of healed hearts.

----

20. The phoenix is a legendary bird capable of being reborn from its ashes.
21. In Greek mythology, Eros is the god of love.
22. Boreas, Eurus, Notus, and Zephyrus are divinities of the wind in Greek mythology. These four brothers are linked to the four seasons: Boreas stirs up the cold wind of winter; Eurus turns into autumnal storms; Notus triggers the heavy rains at the end of summer; and Zephyrus releases the light winds of spring.

Le Phénix[23] des Saisons

La bague échangée par les amoureux
Qui, en se regardant dans les yeux,
Tintent leurs joues et s'embellissent de couleur dans les sourires,
En se disant dans l'embrassement de leurs mains :
« Je serai à toi pour toujours »,
Qui, avec le temps, se laissent ternir,
Rompent leur destin et leurs promesses.
Comme les saisons qui peignent
Avec harmonie et ponctualité le temps,
S'en vont les ombres sur la pointe des pieds,
S'éloignant de leurs déboires,
Et le souvenir s'évanouit dans l'écho de la confiance brûlée.
Éros[24] amène Borée, Euros, Notos et Zéphyr[25],
Pour ranimer la flamme de la promesse brisée,
Où la patience et les desseins prennent feu
Et, des cendres s'épanouit le phénix des cœurs cicatrisés.

---

23. Le phénix est un oiseau légendaire capable de renaître de ses cendres.
24. Dans la mythologie grecque, Éros est le dieu de l'amour.
25. Borée, Euros, Notos et Zéphyr sont, toujours dans la mythologie grecque, les divinités des vents. Ces quatre frères sont liés aux quatre saisons : Borée soulève le souffle froid de l'hiver, Euros forme les tempêtes de l'automne, Notos déclenche les orages de pluies de la fin de l'été et Zéphyr relâche les brises légères du printemps.

The Book of Spring

The dreamer writes the springtime odyssey,
As he splashes his paper with sun-drenched orchids,
Bees in love,
And jealous hummingbirds.
His writing flowers between his hands,
In a bouquet that refuses to wither.
His wandering has turned him into poetry;
He is not yet ready to tone it down.
The poet returns to his drafts, immerses himself,
And advances on his book of spring.

Le Livre du Printemps

Le rêveur écrit l'odyssée du printemps
En aspergeant son papier d'orchidées ensoleillées,
D'abeilles amoureuses,
De colibris jaloux.
Son écriture fleurit entre ses mains,
Dans un bouquet qui se refuse de faner.
Son vagabondage l'a poétisé,
Il n'est pas encore prêt à l'estomper.
Le poète se replonge dans ses esquisses
Et avance dans son livre du printemps.

Giving in to Distraction

Absent-mindedness asks itself:
"How do you give in to distraction
And fall into the darkness of a pocket
Before wrapping up in the delight of remembrance
And sliding into the folds of the fabric?
The corners of a pocket are so small
That you don't suspect them of weakening so easily.
Courtesy would like to take its skillful hand
To search in the folds, catch distraction, a little rumpled.
Everything would return to its place;
Light would shine, and painting would go on."

Se Perdre en Distraction

L'étourderie se demande :
« Comment se perd-on en distraction
Et tombe-t-on dans le noir d'une poche,
Avant de rouler dans la volupté d'une ressouvenance
Et de glisser dans les plis de l'étoffe ?
Ils sont tellement petits les recoins d'une poche
Que de s'affaiblir si facilement, l'on ne les soupçonnait pas.
La courtoisie voudrait, qu'avec sa main habile,
Elle cherche dans les plis et rattrape la distraction, un peu froissée.
Tout redeviendrait, tout se rallumerait, tout se repeindrait. »

The Masterpiece

The voyager finds a cape along his path
That magnifies him; a tiny detail that urges him
To enter the world of creativity.
The souls that live there spread emotions,
Like a vine in love spreads figures of passion.
The voyager, holding in his hands
His heart torn from his chest,
Discovers the enchantment of a harvesting
And carries the illusion of moments almost unknown.
In his odyssey, the voyager grows drunk on the dreaming air;
He runs after his final breath, overjoyed with his emotions.
Finally, the voyager becomes
The artist of his masterpiece.

Le Chef-d'Œuvre

Le voyageur trouve au sein des sentiers une cape,
Qui le magnifie ; un petit rien qui l'enjoint d'entrer
Dans le monde de l'inventivité.
Les âmes qui y vivent propagent les émois,
Comme une vigne amoureuse, les figures de la passion.
Le voyageur, le cœur arraché entre les mains,
Découvre l'envoûtement d'une cueillaison
Et porte l'illusion de moments presque inconnus.
Dans son odyssée, le voyageur s'enivre de l'air songeur,
Il court après son dernier souffle, délire de ses émois.
Le voyageur devient enfin
L'artiste de son chef-d'œuvre.

The Incantation of the Muses[26]

The muse of poetry, who intertwines her destiny
With the muse of music,
Transforms her forms
Into hummed melodies,
Her charming formulas, with jolts
That relentlessly implore the high-pitched scales,
The chords laid down on zebra-patterned paper.
The incantator,[27] when composing, makes his pencil sing,
Repeats his extravagances
That he accentuates in the dance of his octaves,
That he sends oscillating as he climbs the scale,
That he presents with furor, his arms wide open.
His incantations light fire to the book of scores,
Desiring to bring them to life and unleash themselves in their pages.
The muses play on the piano the words of their thoughts
To create life and give it rhythm.
And like a Pygmalion,[28]
The incantator dreams that his muses become *Galateas*
He can awaken and lift out of the lines
That he crafted to charm them.

---

26. This poem was inspired by listening to the piano piece intitled "Incantation" by David Hicken.

27. "Incantator" is used to evoke the person that recites incantations.

28. In Greek mythology, Pygmalion is a sculptor who created a statue, Galatea, that he fell in love with. He then convinced Aphrodite, the goddess of love, to make her into a woman and ultimately married her.

L'Incantation aux Muses[29]

La muse de la poésie, qui métisse son destin
Avec la muse de la musique,
Transforme ses formes
En mélodies fredonnées,
Ses formules charmeuses, en des à-coups
Qui supplient, avec acharnement, des gammes aigües,
Des accords couchés sur du papier zébré.
L'incantateur, quand il compose, fait chanter son crayon,
Répète ses folies,
Qu'il appuie sous la danse de ses octaves,
Qu'il fait chanceler en montées toujours plus soutenues,
Qu'il exhibe avec fureur, de ses bras grands ouverts.
Ses incantations allument le livre des partitions,
Désirent les animer et se déchaîner dans leurs pages.
Les muses jouent au piano les mots de leurs pensées,
Pour rythmer et créer la vie.
Et comme un Pygmalion[30],
L'incantateur rêve que ses muses deviennent des *Galatées*,
Qu'il pourrait réveiller et relever des lignes
Qu'il a versées pour les charmer.

---

29. Ce poème est né d'une inspiration lors de l'écoute du morceau de piano « Incantation » par David Hicken.
30. Dans la mythologie grecque, Pygmalion est un sculpteur qui crée une statue
dont il tombe amoureux, Galatée. Il obtient ensuite de la déesse de l'amour, Aphrodite, qu'elle devienne femme et finisse par l'épouser.